Catalogue de M. Beurdeley
Exposition Samedi 9 et 10 Avril

11 Avril 81

466

Vente des Lundi 11 et Mardi 12 avril 1881,

HOTEL DROUOT, SALLE N° 8.

IMPORTANTE COLLECTION

DE

TAPISSERIES DES GOBELINS

ET AUTRES

OBJETS D'ART

ET D'AMEUBLEMENT

EXPOSITIONS

PARTICULIÈRE	PUBLIQUE
Le Samedi 9 Avril 1881	Le Dimanche 10 Avril 1881

DE UNE HEURE A CINQ HEURES.

COMMISSAIRE-PRISEUR	EXPERT
Me CHARLES PILLET	M. CHARLES MANNHEIM
10, rue de la Grange-Batelière.	7, rue Saint-Georges.

Ex. de Beurdeley Pere

CATALOGUE

D'UNE IMPORTANTE COLLECTION

DE

TAPISSERIES DES GOBELINS

DE LA SUITE DITE DES DIEUX

ET AUTRES

DE LA SUITE DITE DES CHATEAUX

BELLES PORCELAINES DE SÈVRES, DE SAXE ET DE CHINE

TERRES CUITES PAR CLODION

Sculptures sur Marbre, Ivoire et Bois;

Deux grands Vases en granit Oriental;

FAIENCES ITALIENNES ET AUTRES

Deux très grands Bustes de nègres en Marbre de rapport;

ARMES DES XVIe, XVIIe ET XVIIIe SIÈCLES; FERS OUVRÉS;

Emaux de Limoges; Bronzes d'Art; Calice du XVe siècle

BEAUX BRONZES D'AMEUBLEMENT ET MEUBLES DU XVIIIe SIÈCLE;

Belles Consoles en bois doré à dessus d'albâtre oriental

BELLES ÉTOFFES ET BRODERIES DES XVe, XVIe ET XVIIIe SIÈCLES

DONT LA VENTE AURA LIEU

HOTEL DROUOT, SALLE N° 8

Les Lundi 11 et Mardi 12 Avril 1881

A DEUX HEURES PRÉCISES

Par le Ministère de **Me Charles PILLET**, Commissaire-priseur,
10, rue de la Grange-Batelière,

Assisté de **M. Charles MANNHEIM**, Expert, 7, rue Saint-Georges,

Chez lesquels se trouve le présent Catalogue.

EXPOSITIONS : { PARTICULIÈRE : le Samedi 9 Avril 1881.
PUBLIQUE : le Dimanche 10 Avril 1881.

DE UNE HEURE A CINQ HEURES.

CONDITIONS DE LA VENTE

Elle sera faite au comptant.

Les adjudicataires payeront *cinq pour cent* en sus des enchères.

L'exposition mettant le public à même de se rendre compte de l'état des objets, il ne sera admis aucune réclamation une fois l'adjudication prononcée.

ORDRE DES VACATIONS

Le Lundi 11 Avril 1881

Faïences	73 à 80
Porcelaines de Sèvres	81 à 123
Porcelaines de Saxe	124 à 139
Porcelaines de Chine	140 à 145
Terres cuites par Clodion	146 à 148
Sculptures diverses	155 à 161
Objets variés	200 à 223

Le Mardi 12 Avril 1881

Tapisseries*	1 à 14
Etoffes	15 à 72
Marbres	149 à 154
Armes	162 à 192
Fers	193 à 199
Bronzes d'ameublement	224 à 242
Meubles	243 à 268

* **N.-B.** *Les Tapisseries seront vendues à cinq heures précises.*

Paris. — Typ. Pillet et Dumoulin, 5, rue des Grands-Augustins.

DÉSIGNATION DES OBJETS

TAPISSERIES

1 — Très belle tapisserie des Gobelins de la suite dite des dieux. — Bacchus, assis sur les nuages, un thyrse de la main gauche, une coupe de vin de la droite ; un amour est assis derrière lui, à gauche. Entourage formé de colonnettes en fuseaux, portant un arc de lambrequins entourés de pampres reposant sur des plates-formes ornées de vases et reliées par des banderoles. Au centre, une fontaine de vin entre deux amours jouant avec des panthères. Fond jaune, bordure de baguettes d'or entourant un quadrillé d'or sur fond bleu ; agrafes aux angles. Signée dans la bande : G. Cozette.

D'après Claude Audran. Atelier de Cozette.

Très belle conservation.

Haut., 3 m. 60 cent.; larg., 2 m. 55 cent.

2 — Très belle tapisserie des Gobelins de la suite dite des dieux. — Bacchus. — Contre-partie de la pièce précédente, avec quelques changements dans la bordure, qui diffère dans les parties horizontales et qui

est interrompue par un camaïeu d'or dans un cartouche ornant les moulures.

D'après Claude Audran. Atelier de Cozette.

Très belle conservation.

Haut., 3 m. 25 cent.; larg., 2 m. 60 cent.

3 — Très belle tapisserie des Gobelins de la suite dite des dieux. — Cérès. — La déesse est assise sur les nuages; elle tient une gerbe du bras gauche et une torche de la main droite. Un amour tendant une faucille est à gauche. Même entourage, modifié dans la partie inférieure où les attributs de la Moisson séparent deux enfants dont l'un vanne et l'autre bat. Même bordure qu'au numéro qui précède.

D'après Claude Audran. Atelier de Cozette.

Très belle conservation.

Haut., 3 m. 25 cent.; larg., 2 m. 60 cent.

4 — Tapisserie des Gobelins de la suite dite des dieux. — Vénus. — La déesse, assise sur les nuages, tient une flèche de la main droite; près d'elle, un amour et deux cygnes. Même entourage avec quelques variantes.

D'après Claude Audran.

Haut., 3 m. 25 cent.; larg., 2 m. 35 cent.

5 — Tapisserie des Gobelins de la suite dite des dieux. — Bacchus. — Même sujet que la tapisserie n° 1, avec quelques variantes dans la bordure et les ornements du fond.

D'après Claude Audran.

Haut., 3 m. 25 cent.; larg., 2 m. 35 cent.

6 — Belle tapisserie de la suite dite des chateaux. — Le château de Saint-Germain. — Des personnages se promènent au premier plan, derrière une balustrade sur laquelle sont posés un tapis, une guirlande de fleurs et un plateau que tient un laquais. — Partie centrale des grandes compositions de Ch. Lebrun, exécutées par van der Meulen, Anguier, Yvart et Baptiste. Bordure de colonnes de grotesques pour les montants, de rinceaux symétriques pour les parties horizontales.

Belle conservation.

Haut., 3 m. 25 cent.; larg., 2 m. 85 cent.

7 — Autre belle tapisserie de la suite dite des chateaux. — Le château des Tuileries. — Un carrosse du roi suit la grande allée du jardin. — Au premier plan, deux laquais portent un plateau de fruits sur un brancard d'argent, en arrière d'un mur d'appui où est posée une corbeille de fruits sur un tapis de velours. Une pièce d'argenterie, des fruits et un animal sont en avant du mur. — Partie centrale de la composition de Ch. Lebrun. — Même bordure qu'au numéro précédent.

Belle conservation.

Haut., 3 m. 20 cent.; larg., 3 m. 35 cent.

8 — Grande tapisserie de Flandres à sujet tiré de l'histoire de Joseph avec riche bordure à figures de génies, mascarons, fleurs, etc.

9 — Grande tapisserie au point décorée de figures chinoises et de fleurs sur fond noir. L'encadrement, de même travail, se compose d'animaux et de fleurs.

Larg., 4 m. 90 cent.; haut., 2 m. 60 cent.

10 — Petit panneau en hauteur, en tapisserie des Gobelins du temps de Louis XIV rehaussée de parties tissées en argent. Il représente un génie debout sur un vase et divers attributs.

Haut., 68 cent.; larg., 30 cent.

11 — Deux petits médaillons ronds en tapisserie de Beauvais représentant des bouquets de fleurs.

Diamètre sans les cadres en bois doré, 24 cent.

12 — Petite tapisserie verdure.

13 — Portière en velours rouge avec encadrement formé de la bordure de la tapisserie qui précède.

14 — Grande tapisserie verdure avec encadrement d'ornements.

Haut., 2 m. 80 cent.; larg., 4 m. 20 cent.

ÉTOFFES

15 — Petit panneau carré à médaillon brodé en soie de couleurs et or représentant la sainte Vierge assise entre deux anges. Ce médaillon est encadré de rinceaux d'or appliqués sur fond de satin ponceau. XVIe siècle.

16 — Petite portière ou panneau en velours de Gênes ponceau à riche dessin du xve siècle.

17 — Morceau carré de velours de Gênes à riche dessin vert et ponceau sur fond jaune d'or, avec frange d'or. xve siècle.

18 — Morceau de velours bouclé d'or du xve siècle à dessin ponceau sur fond jaune d'or.

19 — Deux morceaux de velours à parterre ponceau à quadrillages et fleurs.

20 — Deux morceaux de velours de Gênes à dessin blanc et ponceau sur fond orangé lamé d'or. xve siècle.

21 — Morceau de velours bouclé d'or à dessin ponceau sur fond lamé d'or. Au centre, une croix.

22 — Petit morceau de velours ponceau à dessin lamé d'or. xve siècle.

23 — Etoffe de velours du xve siècle à riche dessin polychrome et lamé d'or sur fond blanc.

24 — Petit tapis carré en velours de Gênes ponceau à dessin composé de branches de fleurs et de fruits. xvie siècle.

25 — Beau morceau d'étoffe de la fin du xve siècle à riche dessin ponceau et bleu sur fond jaune d'or.

26 — Fragment de très beau tapis persan en velours de soie sur fond d'argent, décoré de personnages, d'animaux et d'ornements de la plus grande finesse d'exécution. Pièce très rare du XVIe siècle.

26 *Bis* — Chasuble en velours violet sur fond blanc à dessin composé de branches de grenades. XVIe siècle.

27 — Panneau de velours ponceau uni en deux lés mesurant ensemble 2 m. 90 cent.

28 — Deux petites bandes à personnages brodés en soies de couleurs et sur fond bleu. XVIe siècle.

29 — Jolie aumônière en velours vert brodé d'argent et portant au fond les armes de la ville de Paris. XVIIIe siècle.

30 — Autre aumônière analogue portant les armes de France et de Pologne surmontées de la couronne royale.

31 — Autre aumônière aux armes du Dauphin.

32 — Aumônière analogue à celles qui précèdent avec armoiries brodées.

33 — Huit beaux glands en soie ponceau et or.

34 — Fort lot de passementeries anciennes. Bandes tissées d'or, franges à grille, etc.

35 — Beau velours de Gênes, fond ponceau à dessin courant. Long., 10 m. 70 cent. en deux coupes.

36 — Coupon de velours de Gênes, fond blanc à dessin rosé. Long., 6 m. 70 cent.

37 — Lambrequin de velours à parterre à fond rouge.

38 — Six lés de beau velours à parterre fond rouge, dessin à colonnes et fleurs en deux tons. Long., environ 4 m. 65 cent.

39 — Velours de Gênes uni ponceau. Long., environ 4 m. 55 cent.

40 — Cinq morceaux de velours ponceau de Gênes pour dossiers et sièges de fauteuils.

41 — Cinq bandes de velours rouge uni mesurant ensemble environ 15 m. 20 cent.

42 — Lot de cinq morceaux d'ancien velours de Gênes.

43 — Coupon d'ancien damas fond rouge à grand dessin, mesurant environ 13 m. 80 cent.

44 — Coupon d'ancien damas rouge clair mesurant environ 7 m.

45 — Quatre lés de belle dauphine à fond vert, colonnes et rubans, mesurant ensemble 8 m. 80 cent.

46 — Tapis en ancien velours à fond vert et brocard d'or à dessin couronne héraldique.

47 — Tapis en soie brochée fond vert olive avec dessin de fleurs en soie, argent et or. Longueur, 3 m. Larg., 1 m. 85 cent.

48 — Grand tapis en droguet de Tours fond blanc avec bouquets de fleurs et bordure en soie bleue. Environ 8 m. 40 cent. en quatre lés.

49 — Coupon de dauphine rouge très vif avec fleurs. Sept lés de 1 m. de hauteur.

50 — Nappe vénitienne en toile blanche avec encadrement brodé en soie et dent de guipure. XVIe siècle.

51 — Chasuble en dauphine et brocard d'or, dessin à fleurs.

52 — Belle chasuble en brocard d'or du XVIe siècle décorée d'arabesques.

53 — Belle chasuble en ancien velours de Gênes et larges bandes brodées à figures de saints personnages en pied. XVIe siècle.

54 — Deux bandes de satin rouge avec arabesques. Long., 2 m.

55 — Panneau de satin fond blanc avec encadrement en brocard d'argent.

56 — Devant d'autel en ancien velours rouge avec arcature en brocard d'or.

57 — Grande bande en tapisserie au petit point, composition de quatorze personnages. Époque des Valois.

58 — Quatre tapis en velours sur fond clair.

59 — Deux divinités de la Fable en soie brochée.

60 — Tapis en soie fond vert avec riche broderie à feuillage d'or.

61 — Trois lés de dauphine à fond rose et brocard argent. Long., 3 m. 10 cent.

62 — Deux bandes de satin blanc contournées de fleurs, Long., 2 m. 30 cent.

63 — Coupon fond bleu clair damassé, enrichi de brocard d'or et d'argent. Long., 2 m. 30 cent.

64 — Tapis de prière en drap varié de nuances et broderies.

65 — Lot de velours de Gênes fond blanc à fleurs composé de vingt-cinq morceaux variés.

66 — Lot de guipure de soie blanche.

67 — Environ 31 m. 50 cent., ancienne petite bordure de velours de Gênes à fleurs sur fond blanc.

68 — Huit embrasses en ancien velours de Gênes.

69 — Bordure en velours à parterre à fond blanc. Long., environ 45 m. 50 cent.

70 — Lot d'anciens galons tissés en fin.

71 — Lambrequin en satin blanc décoré d'allégorics peintes.

72 — Grand tapis persan ancien à rosaces sur fond bleu au centre et encadrement à fond jaune.

Long., 4 m. 20 cent.; Larg., 1 m. 90 cent.

FAIENCES

73 — Fabrique d'Urbino. — Joli petit plat rond décoré au centre d'un médaillon représentant Adam et Ève tentés par le serpent; au pourtour, grotesques en couleurs sur fond blanc.

74 — Même fabrique. — Coupe ronde à bossages, représentant le triomphe d'Amphitrite.

75 — Même fabrique. — Joli plat rond représentant une scène de repas dans un paysage. Un écusson armorié est suspendu à un arbre. Au revers, la date de 1542.

76 — Fabrique italienne. — Coupe ronde à bossages représentant un groupe de guerriers.

77 — Faïence de Nevers. — Petite potiche à décor polychrome sur fond blanc, de style chinois.

78 — Faïence de Moustier. — Petite fontaine-applique, décor polychrome à médaillons de personnages, fleurs et ornements.

79. — Fabrique de Beauvais. — Gourde à long col émaillé vert et corbeilles gaufrées en relief.

80 — Grand porte-huilier en faïence, décor polychrome.

PORCELAINES DE SÈVRES

81 — Beau bol en ancienne porcelaine de Sèvres, pâte tendre, à bord à hachures bleues et jetés de fleurs. Diam. 32 cent. Il est placé sur un pied en bronze doré.

82 — Soupière oblongue et son plat en ancienne porcelaine de Sèvres, pâte tendre, à hachures bleues au bord et décorée de bouquets de fleurs.

83 — Deux seaux à rafraîchir, de même porcelaine et de même décor.

84 — Autre seau à rafraîchir provenant du même service. Celui-ci a un pied en bronze doré.

85 — Deux sucriers oblongs avec plateaux adhérents en vieux Sèvres, pâte tendre, à hachures bleues au bord et jetés de fleurs.

86 — Sucrier de même forme et de même qualité, décoré de filets bleus et de fleurs.

87 — Vingt-quatre assiettes en ancienne porcelaine de Sèvres, pâte tendre, à bords festonnés, marli gaufré à grains d'orge, décorées de jetés de fleurs et de filets bleus.

88 — Dix-huit assiettes analogues à celles qui précèdent, mais à marli uni.

89 — Douze assiettes en ancienne porcelaine de Sèvres, pâte tendre, à bords festonnés, à hachures bleues au marli et décorées de jetés de fleurs.

90 — Quatre compotiers modèle coquille en vieux Sèvres, pâte tendre, décorés de jetés de fleurs et de filets bleus.

91 — Deux compotiers ronds de même porcelaine et de même décor.

92 — Deux compotiers ovales de mêmes porcelaine et décor.

93 — Deux compotiers analogues, l'un d'eux en porcelaine dure.

94 — Six tasses droites avec soucoupes en vieux Sèvres, pâte tendre, à filets bleus et jetés de fleurs.

95 — Deux saucières à deux anses, en vieux Sèvres, pâte tendre, à dentelle d'or.

96 — Sucrier sans couvercle en vieux Sèvres, pâte tendre, décoré de fleurs.

97 — Petite écuelle à deux anses et à couvercle avec plateau ovale, en vieux Sèvres, pâte tendre, décorée de fleurs.

98 — Tasse de forme arrondie avec soucoupe en porcelaine tendre, fond bleu turquoise rehaussé de dorure et médaillons amours dans le goût de Boucher.

99 — Tasse de forme arrondie et soucoupe de même porcelaine, fond bleu turquoise à médaillons, fleurs et fruits.

100 — Tasse droite et soucoupe en vieux Sèvres, pâte tendre, à bords bleu turquoise et décorées de festons de fleurs.

101 — Tasse droite avec soucoupe en vieux Sèvres, pâte tendre, fond bleu turquoise rehaussé d'or et médaillons, corbeilles de fleurs.

102 — Tasse droite et soucoupe en vieux Sèvres, pâte tendre, à bande rosée, ornements et corbeilles de fleurs.

103 — Tasse droite avec soucoupe en vieux Sèvres, pâte tendre, à bandes vertes à réserves de fleurs et entre-deux à fond blanc semé de fleurettes.

104 — Cafetière en porcelaine tendre, fond bleu turquoise à double médaillons d'oiseaux, avec monture en argent doré.

105 — Jolie tasse de forme arrondie avec soucoupe, en ancienne porcelaine de Sèvres, pâte tendre, à bord bleu turquoise dentelé et festons de fleurs.

106 — Tasse trembleuse avec couvercle en ancienne porcelaine de Sèvres, pâte tendre, fond gros bleu rehaussé de dorure et médaillons de fleurs.

107 — Ecuelle ronde à couvercle et à deux anses avec plateau oblong en ancienne porcelaine de Sèvres, pâte tendre, fond gros bleu à décor d'or et médaillons de fleurs.

108 — Ecuelle de même forme à fond bleu et décor d'or à médaillons, groupes de fruits, fleurs et oiseaux.

109 — Sucrier ovale avec plateau en vieux Sèvres, pâte tendre, fond bleu de Vincennes et médaillons, oiseaux voltigeant.

110 — Sucrier oblong avec plateau en ancienne porcelaine de Sèvres, pâte tendre, fond bleu de Vincennes décoré de médaillons d'oiseaux avec encadrements, le tout en or.

111 — Deux sucriers de même forme, fond gros bleu et médaillons jeux d'amours en camaïeu carmin.

112 — Sucrier avec couvercle en vieux Sèvres, pâte tendre, fond bleu imitant le lapis et médaillons d'oiseaux encadrés de dorure.

113 — Grande tasse à deux anses avec couvercle et soucoupe fond bleu turquoise à œils de perdrix et médaillons, amours et trophées en camaïeu carmin.

114 — Tasse de forme arrondie et soucoupe en vieux Sèvres, pâte tendre, décorée de médaillons d'oiseaux.

115 — Jolie tasse de forme arrondie avec soucoupe en vieux Sèvres, pâte tendre, à bord pointillé de bleu et décorée de festons de fleurs.

116 — Tasse avec soucoupe en vieux Sèvres, pâte tendre, fond gros bleu rehaussé de dorure et médaillons de fleurs. Le bord offre un ruban tricolore enlaçant des roses.

117 — Deux petits seaux à rafraîchir à deux anses, fond rose rehaussé d'une dentelle d'or et larges médaillons de fleurs.

118 — Petite tasse droite avec soucoupe en vieux Sèvres, pâte tendre, fond gros bleu à décor d'or et à médaillons jeux d'enfants et attributs dans un paysage.

119 — Tasse de forme arrondie en vieux Sèvres, pâte tendre, fond gros bleu et médaillons oiseaux voltigeant.

120 — Deux compotiers carrés en porcelaine dure à la reine décorés de fleurs.

121 — Deux saucières avec plateaux imitation de Sèvres, décorées de fleurs.

122 — Douze petits plateaux à glace en porcelaine de Sèvres du temps de Louis-Philippe, décorés d'une couronne de fleurs.

123 — Cabaret en porcelaine dure de Sèvres à décor d'or. Il fut offert par Napoléon Ier à sa sœur Elisa dont il porte le chiffre couronné.

PORCELAINES DE SAXE
ET AUTRES

124 — Joli cabaret en ancienne porcelaine de Saxe décoré de médaillons sujets chinois avec riches encadrements. Il se compose d'une cafetière, d'une théière, un bol, un sucrier, un flacon à thé, une coupe sans couvercle et six tasses avec soucoupes.

125 — Groupe en ancienne porcelaine de Saxe, composé de trois enfants et un bouc : le triomphe de Bacchus.

126 — Groupe de même porcelaine : l'Enlèvement d'Europe.

127 — Saucière en ancienne porcelaine de Saxe en forme de dauphin à médaillons de personnages.

128 — Joli petit groupe en vieux Saxe composé de deux figures : les cerises.

129 — Petit groupe en vieux Saxe. Singe assis près d'un tronc d'arbre.

130 — Deux statuettes en ancienne porcelaine de Chelsea : Berger et bergère.

131 — Douze pots à crème en porcelaine à la Reine, à décor de fleurs en bleu et or.

131 *Bis* — Deux statuettes en ancienne porcelaine de Kronenbourg : paysan et paysanne.

132 — Deux petites statuettes d'amours travestis, en vieux Saxe et deux petites statuettes de pêcheurs, en vieux Saxe.

133 — Petit cabaret en ancienne porcelaine de Vienne, à médaillons en camaïeu encadré de guirlandes de lauriers.

134 — Jolie tasse avec soucoupe en vieux Saxe, décorée de médaillons de paysages avec figures.

135 — Tasse avec soucoupe en ancienne porcelaine de Berlin, fond bleu imbriqué d'or et médaillons bustes de philosophes en grisaille.

136 — Quatre colonnettes en ancienne porcelaine de Saxe, dont deux à festons de fleurs en relief au pourtour.

137 — Belle saucière de forme oblongue à deux anses en vieux Saxe décorée de sujets chinois.

138 — Six tasses droites avec soucoupes, un bol et une coupe à trépied en porcelaine dure à fond d'or et médaillons sujets mythologiques.

139 — Deux seaux en ancienne porcelaine de Saxe à anses têtes de vieillards et décorés de fleurs.

PORCELAINES DE CHINE

140 — Deux cache-pots à couvercle en ancienne porcelaine de Chine décorés de fleurs et de rochers en émaux de la famille verte. Ils sont garnis de montures de style Louis XIV en bronze ciselé et doré.

141 — Deux petites bouteilles en céladon bleu turquoise montées en guise de buires de style Louis XVI en bronze ciselé et doré au mat.

142 — Vase en forme de balustre à deux anses en céladon bleu turquoise.

143 — Autre vase en forme de balustre à deux anses, tête d'éléphant en céladon bleu turquoise.

144 — Petit plateau rond sur piédouche bas en ancien céladon bleu turquoise.

145 — Seize petites assiettes à glace en ancienne porcelaine de l'Inde, décorées de fleurs.

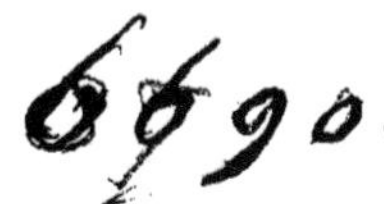

TERRES CUITES PAR CLODION

146 — Terre cuite. Joli groupe par Clodion ; jeune nymphe entourée d'Amours. L'un d'eux lui pose une couronne de lauriers sur la tête.

Signé Clodion.

Haut., 47 cent.

147 — Terre cuite. — Autre groupe par Clodion. Jeune femme debout tenant son enfant de ses deux bras surélevés.

Signé Clodion.

Haut., 47 cent.

148 — Terre cuite. — Autre groupe par Clodion. Jeune bacchante debout tenant un jeune enfant bacchant de la main droite et une grappe de raisin de la main gauche.

Haut., 40 cent.

SCULPTURES SUR MARBRE

ET SUR GRANIT

149 — Deux très grands et beaux vases en granit rose oriental à culot godronnés garni, d'anses formées par des têtes de boucs en bronze doré de style Louis XIV.

Pièces importantes.

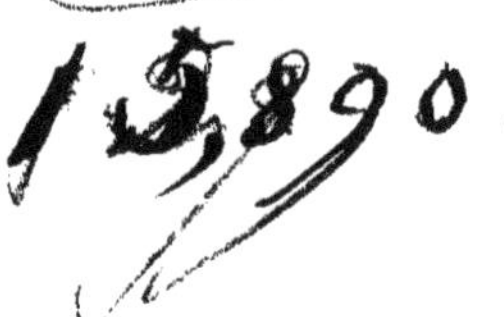

150 — Deux très grands bustes de négrillons en marbre noir avec chlamydes en marbre de rapport.

151 — Deux grandes statues en marbre blanc du temps de Louis XV représentant l'Hiver et l'Automne.

152 — Grande coupe ronde en marbre rouge de Flandres taillée à godrons et montée sur un piédouche en fonte.

153 — Deux montants de cheminée en pierre grise sculptée à ornements. Travail italien du XVIe siècle.

154 — Beau buste en marbre blanc de Louis-Philippe-Égalité, grandeur nature, attribué à Houdon.

154 *Bis* — Petite statuette de Phryné en marbre blanc d'après Pradier.

SCULPTURES DIVERSES

155 — Ivoire. — Petit groupe applique composé de deux figures assises provenant vraisemblablement d'un groupe représentant la Cène. XVe siècle.

156 — Ivoire. — Autre groupe applique composé de deux personnages debout, l'un d'eux tenant un glaive de la main gauche. XVe siècle.

157 — Bois. — Deux jolis panneaux pour meuble en bois de noyer sculpté en bas-relief à figure dans un cartou-

che entouré de trophées d'armes. L'un deux est décoré de la figure de Mars et l'autre de Vénus. XVIe siècle.

158 — Bois de chêne. — Deux panneaux rectangulaires en largeur sculptés en bas-relief et représentant l'un, un fleuve figuré par un vieillard couché s'appuyant sur une urne; l'autre, une rivière représentée par une nymphe couchée sur les flots. XVIe siècle.

159 — Bois. — Groupe en bois sculpté et peint rehaussé de dorure. La Vierge debout et couronnée porte l'Enfant Jésus de ses deux bras. XVIe siècle.

160 — Bois. — Figure applique en bois sculpté peint et doré. Sainte Madeleine, debout, les mains croisées sur la poitrine. XVIe siècle.

161 — Bois. — Petite statuette incomplète; femme debout. XVIe siècle.

ARMES

162 — Joli petit amorçoir du XVIe siècle en forme de fleur de lis en bois incrusté de nacre et d'ivoire finement gravé à figures et ornements.

163. — Dague du XIVe siècle avec poignée en cuivre plaqué d'argent.

164 — Autre dague avec garde et pommeau décorés de bustes ciselés et portant des traces de damasquine d'or. XVIe siècle.

165 — Epée de chasse de la fin du XVe siècle à lame évidée quadrangulaire et aplatie à son extrémité. Fusée en cuir, garde à quillons droits et quadrangulaires, pommeau cannelé.

166 — Épée du XVIe siècle à double garde à coquilles en fer ciselé à ornements et mufle de lion et repercé à jour.

167 — Rapière à longue lame effilée et garde à petite corbeille en fer finement repercée à jour.

168 — Rapière analogue à celle qui précède. La lame de celle-ci est triangulaire.

169 — Épée à lame flamboyante et poignée formée de deux serpents enroulés.

170 — Selle garnie en cuir gaufré et rosaces de cuivre. XVe siècle.

171 — Couteau de chasse Louis XV garni en cuivre doré.

172 — Grande épée italienne à garde à corbeille en fer doré. XVIe siècle.

173 — Grande épée Louis XIII à triple garde et quillons droits.

174 — Épée Louis XIV en fer ciselé à garde, quillons et pommeau repercés à jour.

175 — Épée Louis XIV à poignée en bronze ciselé et large lame plate et mince.

176 — Jolie petite dague à poignée à torsades et à quillons repercés à jour. XVIIe siècle.

177 — Petite dague à lame triangulaire et manche en os.

178 — Main gauche à lame cannelée et striée avec pommeau et garde gravés. Italie, XVIe siècle.

179 — Clef d'arquebuse formant amorçoir en fer ciselé, gravé et repercé à jour. XVIe siècle.

180 — Lame fine du temps de Louis XIV gravée à figures et ornements et portant la devise : là où est mon soleil.

181 — Poudrière de chasse en bois sculpté à figures d'animaux. Époque Louis XIV.

182 — Jolie épée de cour du temps de Louis XVI en acier damasquiné d'or sur fond bleui.

183 — Épée Louis XVI à poignée en argent ciselé et repercé à jour.

184 — Deux pistolets saxons avec batteries à rouet et monture incrustée d'os gravé.

185 — Jolie paire de pistolets du temps de Louis XV avec batteries et canons finement ciselés et damasquinés d'or. Garniture en argent ciselé, à cariatides et ornements.

186 — Petit canon en bronze à armoiries en relief et affût garni de ferrures ornées de fleurs de lis. Époque Louis XIV.

187 — Fusil à mèche du XVIe siècle.

188 — Mousquet plaqué d'écaille avec batterie à rouet gravée et garniture en argent gravé. Époque Louis XIII.

189 — Grande arbalète accompagnée de son cranequin à poulies. Le bois est incrusé d'ivoire.

190 — Fanion de trompette Louis XV en damas rouge brodé de soie et d'argent.

191 — Fanion de trompette en soie verte portant les armes de France et des ornements peints.

192 — Tambour avec monture en cuivre jaune repoussé offrant sur sa face un large écusson armorié flanqué de deux figures de sauvages. XVIIe siècle.

FERS OUVRÉS

193 — Belle serrure gothique à ornements découpés, à clochetons et buste rapporté en haut-relief.

194 — Entrée de serrure en fer repoussé à ornements. XVIe siècle.

195 — Verrou formé du chiffre couronné de François Ier.

195 *bis* — Verrou formé du chiffre de Henri II, en fer gravé et découpé.

196 — Jolie serrure gothique en fer ciselé, à ornements découpés, clochetons, figurines et cache-entrée fleurdelisé.

197 — Verrou en fer repoussé aux armes et au chiffre de Catherine de Médicis.

198 — Verrou en fer repoussé à rosaces et ornements. Époque Henri II.

199 — Quatre pièces : Manche de couteau italien en bronze, mascaron en fer repoussé, clef en fer ciselé et verrou gravé.

OBJETS VARIÉS

200 — Châsse du XIIIe siècle décorée de figures de saints personnages debout en bas-relief en cuivre doré, avec entre-deux ornés de clochetons. Les extrémités sont décorées de figures debout réservées en cuivre gravé et doré, sur fond d'émail bleu. Elle est surmontée d'une crête découpée à jour et ornée de trois boules.

201 — Baiser de paix en cuivre doré enrichi de nielles sur argent et d'une sculpture sur nacre : Pieta. XVIe siècle.

202 — Petit bas-relief en cuivre doré. Louis XIII enfant debout.

203 — Autre bas-relief en cuivre doré : le couronnement de la Vierge.

204 — Médaille en bronze de Louis XII et Anne de Bretagne.

205 — Grande et belle croix en argent ciselé du XVIe siècle offrant sur une de ses faces la figure du Christ.

205 *bis* — Médaillon rond en argent repoussé de la fin du XVIe siècle ; il représente Apollon et Marsyas.

206. — Deux médaillons ronds en émail de Limoges, peinture en émaux de couleurs sur fond noir; XVIe siècle, bustes d'Hélène et de Pâris de profil.

207 — Plateau rond en ancien émail de Venise à fond blanc, bleu, rouge et vert et décoré d'ornements dorés.

208 — Petite cruche en grès de Flandre à rosace et mufle de lion en relief émaillé gris, bleu et violet.

209 — Deux tonnelets en verre de Venise, l'un d'eux chevronné d'émail blanc et rouge.

210 — Statuette d'homme debout tenant une massue. Bronze italien du XVIe siècle sur socle en porphyre oriental rouge.

211 — Joli petit mortier en bronze, portant la date de 1589 et offrant dans sa partie inférieure une frise de guerriers combattant.

212 — Calice du XVe siècle en argent repoussé et doré, enrichi de parties émaillées. Son pied est décoré de fleurs de lis en relief.

213 — Petite plaque ovale en argent très finement gravé et doré, portant sur une de ses faces les portraits de Jacques, roi d'Angleterre, de sa femme Anne, et de leur fils Charles, prince de Galles, et sur l'autre, leurs armoiries respectives. Travail remarquable du temps.

214 — Figure de Jean-Jacques Rousseau assis. Bronze muni d'une belle patine brune.

215 — Petite coupe persane en cuivre gravé.

216 — Coupe ronde en jade vert gravé intérieurement. Travail chinois.

217 — Plat rond vénitien en cuivre gravé et argenté du XVIe siècle, monté sur un trépied en fer forgé.

218 — Petit brûle-parfums cylindrique en bronze à ornements en relief ancien travail japonais.

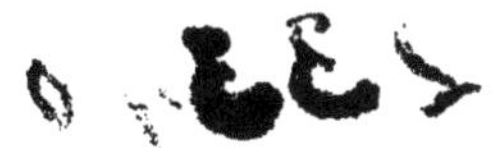

219 — Pied de lutrin du temps de Louis XIII, en bois sculpté à consoles et cariatides d'anges.

220 — Soufflet en bois sculpté de style renaissance.

221 — Christ en bois de chêne sculpté. La Madeleine est agenouillée au pied de la croix. XVIe siècle.

222 — Lot de cristaux de roche pour lustre.

223 — Christ en argent sur croix plaquée d'écaille.

BRONZES D'AMEUBLEMENT

224. — Jolie petite pendule du temps de Louis XVI en marbre blanc et bronze doré au mat, ornée de cornes d'abondance et d'un trophée. Mouvement d'Henry Voisin.

225. — Cartel Louis XV, modèle rocaille en bronze. Mouvement de Cormasson.

226 — Deux bras Louis XV en bronze doré à l'or moulu, modèle à dragons à deux lumières.

227 — Deux bras Louis XVI à deux lumières en bronze doré, modèle à enfants jouant du pipot.

228 — Deux petits candélabres à deux lumières à branches rocaille garnies de fleurettes de porcelaine et figures de Chinois en bronze.

23340

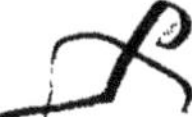

229 — Deux petites girandoles rocaille à deux lumières. 94. —

230 — Deux jolis bras du temps de Louis XV, en bronze à trois branches porte-lumière modèle rocaille. L'un d'eux est orné d'une tête de cerf, et l'autre d'une tête de sanglier. Modèle rare.

231 — Belle paire de chenets du temps de Louis XVI en bronze doré en partie composés chacun d'un flambeau tenu par deux enfants s'échappant de rinceaux à rosace centrale.

232 — Deux chenets du temps de Henri IV en cuivre jaune composés de boules ovoïdes.

233 — Deux jolis chenets du temps de Louis XIV en bronze ciselé et doré, à cariatides de femmes ailées.

234 — Petite pendule Louis XVI en bronze ciselé et doré au mat, à figure de femme debout et marbre blanc.

235 — Deux petits chenets Louis XVI en bronze, modèle à galerie et rosaces.

236 — Deux petits candélabres composés chacun d'une figurine de femme debout en bronze vert, tenant un cornet d'où s'échappent trois branches porte-lumières en bronze doré et reposant sur un socle en marbre blanc. Epoque Louis XVI.

237 — Pendule Louis XVI en bronze doré à deux figures d'enfants et vase; socle en marbre blanc.

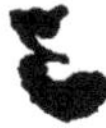

23374

238 — Support en bronze doré au mat, composé de rinceaux et de figures d'Amours et base enrichie de plaques de porcelaine dure à quadrillages verts et décor de fleurs.

239 — Deux grandes torchères formées chacune d'une figure d'Amour en bronze supportant un cornet d'où s'échappe un bouquet de lis porte-lumières et reposant sur un fût de colonne en bois noir garni de bronze doré.

240 — Grand lustre modèle rocaille en bronze doré de style Louis XV.

241 — Deux statuettes en bronze vert : Diane chasseresse et Apollon ; sur socles carrés en marbre griotte.

242 — Deux vases, en cuivre doré en partie.

MEUBLES

243 — Deux grandes et belles consoles de forme contournée en bois sculpté et doré, composées d'ornements rocaille et de fleurs, avec entre-jambes ornés chacun d'une figurine de génie assis. Chacune d'elles est couverte par une tablette plaquée d'albâtre orientale avec belle moulure au pourtour en bronze ciselé et doré.

Beau travail italien du XVIIIe siècle.

244 — Six grands fauteuils en bois sculpté et doré à ornements rocaille, couverts en velours grenat. Travail italien du XVIIIe siècle.

245 — Chaise à porteurs du temps de Louis XV avec panneaux peints à fleurs sur fond vert clair et ornements en bois sculpté et doré.

246-247 — Deux grands coffres de mariage en marqueterie de bois à rinceaux, personnages et ornements variés. Travail italien du XVIe siècle.

248 — Grand bureau plat du temps de Louis XVI en marqueterie de bois de rose, avec grecque marquetée au pourtour et garniture de bronze doré à rosaces et draperies.

249 — Pendule du temps de Louis XIV en marqueterie de cuivre et écaille garnie de bronzes et surmontée d'une statuette de Renommée.

250 — Table turque à pans, plaquée d'écaille et de nacre.

251 — Coffret oblong à angles coupés en bois d'ébène incrusté de lapis et enrichi d'appliques en cuivre doré.

252 — Table à quatre pieds cintrés à têtes de boucs en bois sculpté et doré, supportant un plateau en porcelaine dure à fond vert et médaillons de fleurs et d'Amours et offrant dans l'entre-jambes un bol de même porcelaine et de même décor.

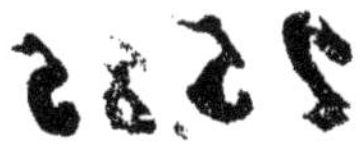

2337

253 — Fauteuil à X en bois sculpté de style renaissance couvert en velours de Gènes.

254 — Deux encoignures genre vernis Martin décorées de sujets Watteau sur fond noir et à dessus de marbre. 700

255 — Petit meuble Louis XV de forme ovale en bois de rose, à dessus de marbre blanc et pieds ornés de griffes de lion en bronze doré. 900

256 — Table ovale en acajou à dessus de marbre blanc. Époque Louis XVI. 125

257 — Petit bureau ouvrant à coulisses en bois de rose avec moulure en bronze doré. Époque Louis XV. 265

258 — Table de nuit Louis XV en bois de rose, signée Cuvellier. 300

259 — Boîte à ouvrage en marqueterie de bois. Travail allemand du XVIIIe siècle. 76

260 — Jardinière oblongue en bois sculpté rehaussé de dorure et à quatre pieds cannelés réunis par un entre-jambes. Epoque Louis XVI. 95

261 — Glace de forme contournée avec cadre en bois sculpté, peint et doré orné de deux cariatides d'Amours supportant une couronne royale. 40

à vérifier le N° 70 du catalogue
je crois le N° 71 adjoint
à un lot, vendu avec le N° 37
ensuite le 19 de ma liste
se trouve vendu avec le 21

25,257

262 — Grande stalle à dossier carré en bois sculpté, à ornements et cariatides, les montants sont terminés par deux figures assises. xve siècle.

263 — Petit cadre Louis XIII plaqué d'écaille et enrichi de fines incrustations d'ivoire, l'attache en cuivre est formée d'une tête de chérubin.

264 — Bureau plat de style Louis XVI en bois d'érable et bois satiné à quadrillages garni de bronze.

265 — Meuble à hauteur d'appui à côtés cintrés en bois d'érable et quadrillagés, garni de bronze et à porte et à côtés vitrés. La tablette de marbre blanc qui le couvre est encadrée d'une galerie découpée en bronze. Style Louis XVI.

266 — Grande pendule Louis XV et son socle support en bois noir garnie d'ornements rocaille en bronze.

267 — Échiquier formant boîte incrustée d'ivoire gravé. Travail indien.

268 — Miroir avec cadre en marqueterie de Chiraz.

www.ingramcontent.com/pod-product-compliance
Ingram Content Group UK Ltd.
Pitfield, Milton Keynes, MK11 3LW, UK
UKHW020514180726
13839UKWH00005B/2080

9 782329 496603